OWEN DAVEY

WILDE KATZEN

ALLES ÜBER TIGER, LÖWE, LEOPARD

KNESEBECK

Ein sehr durstiger Nebelparder

INHALT

WAS SIND KATZEN?

Katzen sind eine Gruppe von Säugetieren, die wissenschaftlich auch Felidae genannt werden. Je nachdem, welchen Wissenschaftler man fragt, gibt es zwischen 37 und 41 verschiedene Arten. Die Hauskatze ähnelt in vielerlei Hinsicht den wilden Katzen.

Ein Puma erkundet eine Winterlandschaft.

Trautes Heim, Glück allein

Der Ort, an dem ein Tier lebt, ist sein Habitat oder Lebensraum. Katzen gibt es in verschiedenen Lebensräumen, von wasserreichen Sümpfen und Regenwäldern bis hin zu sengend heißen Wüsten und sogar eisigen Schneelandschaften.

Lecker!

Katzen sind Fleischfresser – sie müssen Tiere fressen, um lebenswichtige Nährstoffe aufzunehmen. Wählerisch sind sie dabei nicht: Auf ihrem Speiseplan stehen Nagetiere, Hasen, Vögel, Affen, Antilopen, Zebras, Rehe, Schildkröten, Echsen und sogar Insekten, Alligatoren oder Schlangen. Viele erbeuten auch kleinere Katzenarten.

Zu den Feinden des Ozelots zählen auch zwei andere, größere Katzenarten: Puma und Jaguar.

Katzen haben einen abwechslungsreichen Speiseplan.

Schwer zu verfolgen

Katzen sind menschenscheu. Da viele sehr abgelegene Gebiete bewohnen, ist über einige Arten nicht viel bekannt.

Jetzt wissen wir schon einige wichtige Dinge über diese Tiere. Sehen wir uns als Nächstes doch mal die wunderbare Welt der wild lebenden Katzen an, von den verschneiten Bergen Tibets bis zum Grasland der Serengeti. Bist du bereit?

AUF LEISEN PFOTEN

Katzenartige Tiere gibt es seit etwa 50 Millionen Jahren, aber die ersten modernen Katzen entstanden erst vor rund 16 Millionen Jahren. Die Veränderung von Tieren im Lauf der Zeit heißt Evolution. Merkmale werden von einer Generation zur nächsten weitergegeben, wenn sie dem Tier das Überleben erleichtern. Moderne Katzenarten werden nach ihrer Evolutionsgeschichte in acht Gruppen unterteilt.

Hauskatzen

Katzen gehören heute auch zu den beliebtesten Haustieren auf der Welt, aber es dauerte viele Tausend Jahre, bis die Miezen ganz in unsere Häuser zogen. Neuere Studien zeigen, dass Katzen vor 9000 bis 10 000 Jahren anfingen, sich ständig in der Nähe von Menschen aufzuhalten – ungefähr zur gleichen Zeit, als die Menschen begannen, Ackerbau zu betreiben. Das Getreide, das sie anbauten und lagerten, lockte große Scharen hungriger Nagetiere herbei, und diese Nagerinvasion wiederum zog wilde Katzen an. Die wilden Katzen blieben bei den Menschen, weil sie dort leichter an Futter kamen, und wurden schließlich zu Haustieren, die gleichzeitig sehr wirkungsvoll die Schädlinge in Schach hielten.

Diese wilde Katzenart trägt den einfallsreichen Namen »Wildkatze« und gehört zur Hauskatzen-Linie.

Der ausgestorbene Smilodon hatte dolchartige Eckzähne.

Bis an die Zähne bewaffnet

Viele Katzenarten, die einst die Erde bevölkerten, sind inzwischen ausgestorben. Der prähistorische *Smilodon populator*, besser bekannt unter dem Namen »Säbelzahntiger«, war so groß wie ein Bär und hatte riesige messerscharfe Zähne, die nicht mal ganz in sein Maul passten!

JAGEN UND FRESSEN

Katzen gehören zu den erfolgreichsten Fleischfressern unseres Planeten. Sehen wir uns die Superkräfte dieser Asiatischen Goldkatze doch mal genauer an!

Schnurrhaare

Diese steifen Haare, auch Vibrissen genannt, sind so empfindlich, dass Katzen damit die Luftbewegungen um einen Gegenstand wahrnehmen und im Kopf daraus eine Karte ihrer Umgebung erstellen können.

Körper

Katzen haben ausgezeichnete Reflexe, einen perfekten Gleichgewichtssinn und einen sehr beweglichen Körper.

Wenn eine Katze fällt, dreht sie in der Luft ihren Körper so, dass sie auf den Pfoten landet, wie diese Chilenische Waldkatze.

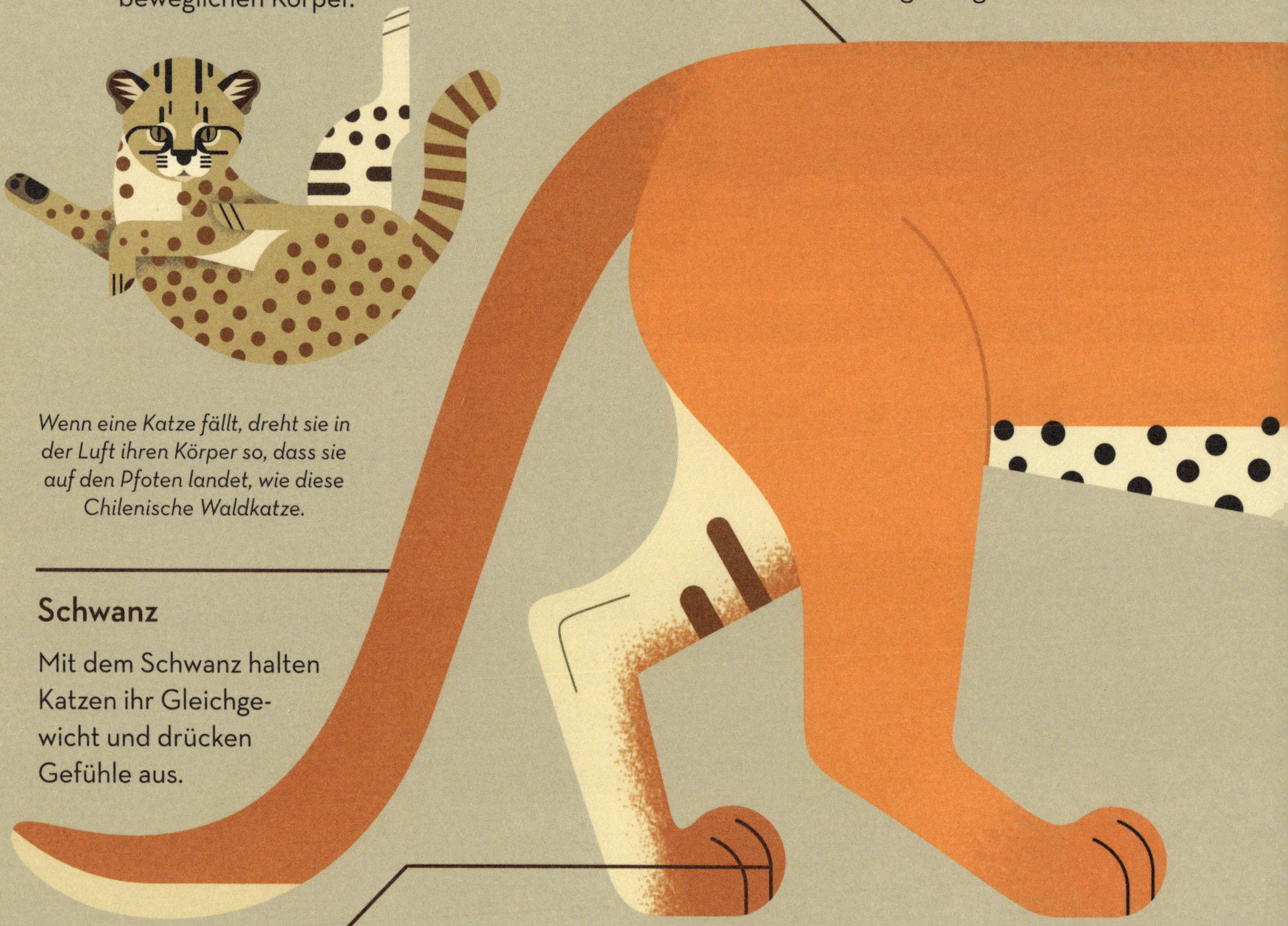

Schwanz

Mit dem Schwanz halten Katzen ihr Gleichgewicht und drücken Gefühle aus.

Katzen fahren ihre Krallen aus, indem sie Muskeln und Sehnen anspannen.

Krallen

Die meisten Katzenarten können ihre Krallen in die Pfoten zurückziehen, damit sie scharf bleiben.

Ohren

Katzen sind in der Lage, viel leisere und höhere Töne zu hören als wir. Ihre Ohren können sich drehen, um Geräusche aus verschiedenen Richtungen aufzunehmen.

Augen

Katzenaugen haben eine spiegelartige Schicht, die Tapetum lucidum genannt wird. Sie wirft das Licht zurück und ermöglicht den Tieren dadurch ein verblüffend gutes Sehvermögen bei Nacht.

Nase

Katzen können hervorragend riechen. Die Rillen auf der Nase sind bei jeder Katze anders und so einmalig wie ein Fingerabdruck.

Zähne

Die langen, spitzen Eckzähne heißen auch Fangzähne. Damit können Katzen ihre Beute festhalten und mit einem gezielten Biss töten.

Zunge

Die Katzenzunge ist mit kleinen Häkchen bedeckt, den Fadenpapillen, die aus demselben Material bestehen wie unsere Fingernägel. Wenn sich die Katze das Fell leckt, funktioniert die Zunge daher wie eine Bürste.

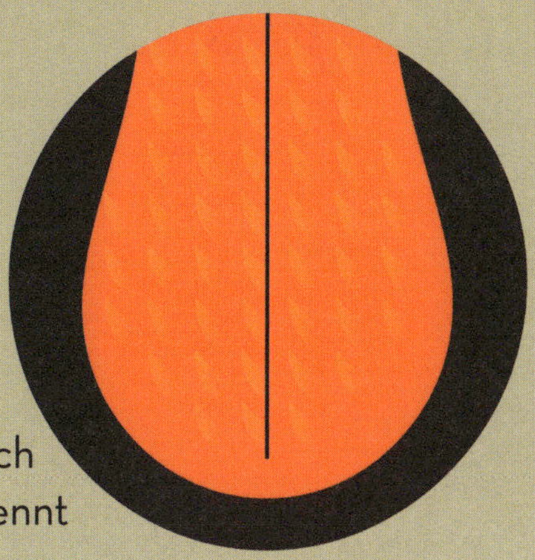

Pfoten

Dank weicher Polster unter den Zehen können Katzen fast geräuschlos gehen und sich so an ihre Beute anschleichen.

Jacobson-Organ

Dieses Sinnesorgan befindet sich am Gaumen der Katze und erkennt Gerüche (Düfte), die von anderen Katzen erzeugt werden.

SUCH MICH!

Alle wilden Katzen haben ein Fell, aber Farbe, Muster und Länge können sehr unterschiedlich sein. Jedes Fell ist einzigartig – es gibt keine zwei Katzen mit genau dem gleichen Fellmuster.

Hier siehst du einige Beispiele von Katzen mit prächtigem Fell. Katzen mit gemustertem Fell leben normalerweise in Dschungeln und Wäldern, Katzen mit einfarbigem Fell dagegen meist in offenen Landschaften wie Bergen und Wüsten.

Von Tarnung sprechen wir, wenn etwas mit seiner Umgebung verschmilzt, sodass man es schwer sehen kann. Getarnt zu sein ist für Katzen sehr nützlich, wenn sie ihren Feinden entgehen wollen oder auf Beutejagd gehen.

Mehrere Katzenarten haben Rosetten im Fell. Diese heißen so, weil sie aussehen wie kleine Rosen. Jaguare und Leoparden lassen sich an den kleinen schwarzen Punkten unterscheiden, die nur beim Jaguar in der Rosette sitzen.

Eine Rosette des Jaguars mit Punkten darin

Mehrere Rosetten des Leoparden

1

Die Marmorkatze hat herrliche wolkenähnliche Formen mit dunklen Rändern auf den Flanken. Sie ahmen die Schatten nach, die das Sonnenlicht wirft, wenn es durch die Bäume fällt.

2

Tiger sind die einzigen Katzen, die am ganzen Körper senkrechte Streifen haben. In freier Wildbahn sind sie damit bemerkenswert gut getarnt, wenn sie durch hohes Gras streifen.

3

Wie viele kleine Katzen versteckt sich diese einfarbige Colocolo in der offenen Graslandschaft der Pampa, indem sie den Körper flach auf den Boden drückt und still liegt.

»Melanismus« heißt es, wenn ein Tier schwarzes Fell hat. Am bekanntesten ist der schwarze Panther; eigentlich ist jede schwarze Katze aus der Gattung *Panthera* ein Panther, meist sind es aber Leoparden und Jaguare. Sie gehen im Schatten der Wälder auf Jagd.

4

Wenn du dir diesen schwarzen Leoparden genau ansiehst, erkennst du noch die dunklen Rosetten in seinem Fell.

5

Der Gepard ist bekannt für die kleinen schwarzen Tupfen am ganzen Körper. Sie lassen aus der Entfernung seinen Umriss verschwimmen, sodass er in der Savanne nicht so leicht entdeckt werden kann.

HOCH HINAUS

Im Blickpunkt: Langschwanzkatze

Die kleine Langschwanzkatze lebt in den Regenwäldern Mittel- und Südamerikas. Sie sieht so ähnlich aus wie Ozelot und Tigerkatze, hat aber größere Augen, einen längeren Schwanz und längere Beine.

Verzweigter Lebensraum

Mit ihren breiten Pfoten, den scharfen Krallen, dem langen, muskulösen Schwanz und den beweglichen Knöcheln (die sie um 180 Grad drehen können) sind die Langschwanzkatzen hervorragende Kletterer. Sie bewegen sich mühelos durch die Baumwipfel, springen weit von Ast zu Ast, rennen mit dem Kopf voran an Baumstämmen hinunter und hängen sogar manchmal an ihren Hinterpfoten von einem Ast!

Tamarin-Baby

Nachmacher

Erstaunlicherweise können Langschwanzkatzen die Laute anderer Tiere nachmachen, um Beute anzulocken. Eine Katze wurde einmal dabei beobachtet, wie sie den Ruf eines Tamarin-Babys nachahmte, damit erwachsene Affen näher herankamen.

Nachts unterwegs

Langschwanzkatzen streifen nachts umher. In der Dunkelheit sind sie beim Jagen besser getarnt. Mit ihren großen Augen können sie im Dunkeln gut sehen und sich an ihre Beutetiere heranschleichen.

DAS GROSSE FRESSEN

Viele Katzen jagen allein und erbeuten ihre Nahrung dank hervorragender Tarnung, Kraft und Geschicklichkeit. Tiger warten oft an Wasserlöchern und greifen die Tiere an, die zum Trinken kommen, Schneeleoparden dagegen lauern auf Felsvorsprüngen und stürzen sich überraschend von oben auf ihre Beute.

Sprungbereiter Schneeleopard

Diese Fischkatze versucht, einen Fisch zu erbeuten.

Auf der Jagd schleicht sich eine Katze häufig an ihre Beute an. Im Schutz des Grases bewegt sie sich, mit dem Körper dicht am Boden, langsam und lautlos auf ihre Beute zu. Wenn das Beutetier in ihre Richtung sieht, verharrt die Katze reglos, bis es wieder wegschaut. Ist sie nah genug herangekommen, sprintet die Katze mit Höchstgeschwindigkeit los, springt die Beute an und versenkt die Zähne in Hals oder Kopf, um das Tier zu töten.

Die Fischkatze angelt mit ihren großen und mit Schwimmhäuten besetzten Pfoten Fische aus dem Wasser. Sie taucht auch mit dem Kopf voran ins Wasser und fängt Fische mit dem Maul.

Ein Serval schleicht sich an.

Ein Leopard klettert mit frischer Beute auf einen Baum.

Um ihre Nahrung zu schützen, bedecken viele Katzen sie mit Erde, Blättern oder Schnee und kehren mehrere Tage nacheinander zum Fressen zurück, im Winter sogar mehrere Wochen lang. Leoparden ziehen ihre Beute, die zweimal so schwer sein kann wie sie selbst, mit den Zähnen hoch in die Bäume, damit sich Aasfresser wie Löwen und Hyänen nicht an ihr zu schaffen machen.

Dieser Jaguar hat einen Kaiman im Fluss gefangen.

Jaguare sind sehr vielseitige Jäger und hervorragende Schwimmer. Manchmal lassen sie sich lautlos flussabwärts treiben und halten dabei Ausschau nach Beute am Flussufer.

MEIN REVIER!

Die meisten erwachsenen Katzen leben allein in einem Gebiet, das man Revier nennt. Darin finden sie alles, was sie zum Überleben brauchen. Katzen kommunizieren regelmäßig auf verschiedene Arten miteinander, um klarzustellen, wer wo lebt.

Duftmarken

Jede Katze hat Duftdrüsen an Wangen, Kinn, Stirn, Pfoten und Schwanz, mit denen sie ihren Duft in ihrem Revier verteilt. Sie sprüht auch Urin auf Bäume und Felsen. Der Duft enthält Informationen über die jeweilige Katze, zum Beispiel auch ihr Alter und ihr Geschlecht. Eine Katze muss diese Duftmarken regelmäßig erneuern, damit ihre Rivalen wissen, dass das Revier noch besetzt ist. Viele Katzen kratzen an den Bäumen in ihrem Revier, um zu zeigen, dass sie da waren.

Zwei Rotluchs-Männchen kämpfen um ihr Revier.

Kampfhähne

Taucht ein unwillkommener Gast im Revier einer anderen Katze auf, fauchen sich beide an und knurren oder blecken die Zähne, um den Gegner einzuschüchtern. Läuft keiner von beiden weg, kommt es häufig zum Kampf. Die scharfen Krallen und Zähne können schwere Verletzungen verursachen und manchmal sogar zum Tod führen. Ältere Männchen haben oft zahlreiche Narben, die von einem Leben voller Revierkämpfe erzählen.

Brüllender Alarm

Katzen verständigen sich mit vielen unterschiedlichen Lauten: Knurren, Miauen, Fauchen, Kläffen, Heulen und sogar Pfeifen. Löwen, Tiger, Leoparden und Jaguare sind aber die einzigen Katzen, die brüllen können. Der lang anhaltende, tiefe, dröhnende Laut ist über weite Entfernungen zu hören und soll andere Katzen davor warnen, in ihr Revier einzudringen.

LEBEN IM RUDEL

Im Blickpunkt: Löwe

Die geselligsten Katzen sind die Löwen. Sie leben in Familiengruppen, die Rudel genannt werden und unter den richtigen Bedingungen bis zu 50 Tiere umfassen können. Man glaubt, dass diese großen Katzengesellschaften entstanden sind, um ihre Nahrung zu schützen. Eine Gruppe Löwen kann Aasfresser viel besser vertreiben als ein einzelner Löwe.

Löwenweibchen ziehen ihre Jungen zusammen im Rudel auf und gehen oft gemeinsam auf die Jagd nach größeren Tieren. Asiatische Löwen leben nach Geschlechtern getrennt in Männchen- und Weibchenrudeln und begegnen sich nur in der Paarungszeit, während afrikanische Löwen das ganze Jahr über zusammenbleiben.

Ein Rudel Löwen ruht sich im Schatten aus.

Mächtige Mähne

Ausgewachsene Männchen sind leicht an den langen Haaren an Hals und Brust zu erkennen, der Mähne. Keine andere Katzenart hat eine Mähne. Löwinnen mögen offenbar am liebsten Löwenmännchen mit langer, dunkler Mähne.

Löwenmännchen können riesige Beutetiere ganz allein reißen, doch meistens jagen die Löwinnen. Die Männchen fressen aber immer als Erste, während die Löwenjungen erst ganz zum Schluss dran sind.

Die wichtigste Aufgabe der Löwenmännchen besteht darin, ihr Revier gegen Banden anderer Männchen zu verteidigen. Normalerweise gelingt ihnen das zwei bis vier Jahre lang, bevor sie von einem anderen Männchen vertrieben werden.

Ein Löwenmännchen mit schwarzer Mähne reißt einen tonnenschweren Kaffernbüffel.

REKORDE

Am lautesten von allen Katzen brüllt der Löwe. Er könnte mit seinem Gebrüll eine Live-Rockband übertönen und wäre noch acht Kilometer weiter zu hören. Manchmal schließen sich noch andere Löwen an, wenn einer brüllt, und bilden einen furchterregenden Chor.

Im Verhältnis zu seiner Größe hat der Sunda-Nebelparder von allen lebenden Katzen die größten Eckzähne. Die messerscharfen Beißer können bis zu fünf Zentimeter lang werden und durchbohren mühelos die Haut von Beutetieren. Um Platz für ihre großen Zähne zu schaffen, können diese Katzen ihr Maul besonders weit aufreißen.

Der Jaguar hat im Verhältnis zu seiner Größe die kräftigsten Kiefer von allen Katzen. Mit seinem enorm kraftvollen Biss durchbohrt er mühelos die harte Haut und den Schädel eines Kaimans, und er kann sogar Schildkrötenpanzer knacken.

Schneeleoparden haben von allen Katzen den längsten Schwanz im Verhältnis zu ihrer Gesamtlänge. In kalten Wintern schlingen sie beim Schlafen den Schwanz um sich, um warm zu bleiben.

Den Rekord für den längsten Sprung teilen sich der Schneeleopard und der Puma. Pumas können über fünf Meter hoch in Bäume oder auf Felsvorsprünge springen, der Schneeleopard überquert mit einem Satz einen 15 Meter breiten Graben. Der eine Rekordhalter könnte also auf das Dach eines Doppeldeckerbusses springen, der andere vom Vorderreifen bis zum Auspuff.

Der seltsame Preis für die meisten Namen geht an den Puma. Außer als Puma ist er auch noch als Silberlöwe, Berglöwe oder Kuguar bekannt. In Südamerika wird er auch Feuerkatze oder Katze der Götter genannt, in Nordamerika unter anderem Catamount und Florida-Panther.

Geparden sind die schnellsten Landtiere. Sie erreichen über 100 km/h in wenigen Sekunden und legen mit jedem Satz über sechs Meter zurück. Geparden haben einen schlanken Körper, große Nasenlöcher für eine leichtere Atmung und raue Fußballen, die für eine besonders gute Bodenhaftung sorgen – genau wie das Profil der Autoreifen.

ZWERGE UND RIESEN

Lebensgroße Illustration einer Rostkatze

Im Blickpunkt: Rostkatze

Die niedliche Rostkatze sieht einer Hauskatze sehr ähnlich, ist aber nur etwa halb so groß. Die Weibchen wiegen manchmal nur ein Kilogramm – so viel wie ein Paket Zucker!

Trotz ihrer kleinen Statur sind Rostkatzen gefürchtete Jäger. Dank ihrer blitzschnellen Reflexe und ihrer Beweglichkeit können sie sogar Vögel im Flug fangen. Weil sie so klein sind, müssen diese Katzen sich jedoch oft auf Bäume flüchten, um sich vor anderen Raubtieren in Sicherheit zu bringen.

Im Blickpunkt: Tiger

Tiger sind die größten Katzen. Manche Männchen messen von Kopf bis Schwanzspitze über drei Meter und wiegen mehr als 300 Kilogramm. Diese kraftvollen gestreiften Schönheiten können Tiere reißen, die ein Vielfaches ihres eigenen Gewichts wiegen, darunter auch die großen, gefährlichen Gaurbullen.

Lebensgroße Illustration eines brüllenden Tigers

Gaure sind die größten Wildrinder der Welt.

Tiger leben in den verschiedensten Klimazonen, von den eiskalten schneebedeckten Bergen im russischen Amurbecken bis zu den feuchten Mangrovensümpfen in Bangladesch. Sibirische Tiger haben ein dickes Fell und eine Fettschicht, die sie warm halten, die Tiger in heißeren Regionen dagegen gehen zum Abkühlen gern schwimmen.

KLEIN, MITTEL, GROSS

Hier siehst du die Größe einiger Katzen im Vergleich zueinander und zum Menschen.

1 Meter
Leopard
Löwe
Tiger

SELTSAME GESELLEN

Manul

Die flauschigste aller wilden Katzen ist der Manul. Sein dickes Fell schützt ihn vor bitterkalten Wintern, in denen es eisiger werden kann als in einer Tiefkühltruhe.

Serval

Diese Katze mit den auffallend großen Ohren spürt mit ihrem ausgezeichneten Gehör Nagetiere auf und springt dann in einem hohen, steilen Bogen auf die nichts ahnende Beute.

Sandkatze

Dieses kleine Kerlchen lebt in der Wüste und hat dichtes Fell unter den Pfoten, damit es nicht im weichen Sand einsinkt.

Schwarzfußkatze

Diese zierliche Schönheit hat schwarze Bänder um die Beine und ist im Durchschnitt nur wenig größer als die Rostkatze.

Pardelluchs

Männchen und Weibchen dieser Art tragen einen prächtigen Backenbart. Wie alle Luchse haben sie einen Stummelschwanz.

Karakal

Die Katze mit den spektakulären Ohrpinseln wurde früher von indischen Herrschern gehalten, die sie in Wettbewerben im Taubenfangen gegeneinander antreten ließen.

Jaguarundi

Kaum zu glauben, aber dieses wieselartige Wesen ist auch eine Katze. Sie jagt am Tag und wird regelmäßig in Mittel- und Südamerika gesichtet, doch bis heute weiß man nicht sehr viel über sie.

Flachkopfkatze

Diese Katze mit dem merkwürdigen Aussehen benutzt ihre teilweise mit Schwimmhäuten ausgestatteten Pfoten, um im flachen Wasser nach Beute zu angeln.

KINDERSTUBE

Katzenbabys werden Kätzchen oder Welpen genannt. Mehrere Geschwister, die zur gleichen Zeit geboren werden, sind ein Wurf. Katzenmütter kümmern sich vorbildlich um ihre Kleinen; sie bleiben eine lange Zeit bei ihnen und bringen ihnen alles bei, was sie zum Überleben brauchen.

Manche Jungkatzen sehen ganz anders aus als ihre Eltern. Gepardenjunge haben eine flauschige Rückenmähne, mit der sie sich im Gras besser tarnen können. Pumas sind nach der Geburt gepunktet, und Löwen werden mit dunklen Rosetten am ganzen Körper geboren, die nach und nach verblassen.

Kätzchen sind bei der Geburt blind und taub und damit vollkommen hilflos. Die Mutter kann ihre Jungen in Sicherheit bringen, indem sie sie an der lockeren Haut im Nacken mit den Zähnen packt und zu einem anderen Ort transportiert.

Kätzchen trinken Muttermilch, bis sie alt genug sind, um Fleisch zu fressen. Zuerst bringt die Mutter ihren Jungen etwas zu fressen, aber wenn sie größer werden, gehen die Kleinen auch mit auf die Jagd. Manche Katzenmütter verletzen ein Beutetier nur und überlassen den Jungen dann den Rest.

Ein Kanadisches Luchsweibchen trägt sein Junges.

Katzenjunge trainieren die Jagdtechniken, indem sie spielerisch miteinander kämpfen. Durch leichte Bisse und Pfotenhiebe lernen sie die Bewegungen, die sie später brauchen, um selbst Beutetiere zu reißen.

Junge Kleinfleckkatzen im Kampfspiel

KATZENLEGENDEN

Katzen wurden von jeher von den Menschen gefürchtet und respektiert. Bevor man sich im Internet Katzenvideos ansehen konnte, erzählten Folklore, Mythologie und Religion vieler Kulturen von Katzen.

Mau

Die alten Ägypter liebten Katzen sehr. Katzen (»Mau« genannt) spielten in der ägyptischen Götterwelt eine große Rolle; da waren zum Beispiel Bastet, halb Frau, halb Katze, und Sachmet, die Kriegergöttin mit dem Löwenkopf. Auf das Töten einer Katze stand die Todesstrafe. Viele Katzen wurden mumifiziert, und man legte ihnen einbalsamierte Mäuse mit ins Grab, damit sie im Jenseits etwas zu fressen hatten.

Maneki-Neko

Die winkende Katze *(maneki-neko)* ist eine typisch japanische Katzenfigur mit einer erhobenen Pfote. Sie soll ihrem Besitzer Glück bringen. Es gibt mehrere Geschichten über den Ursprung der Maneki-Neko, in denen häufig eine Katze jemandem winkt, ihr zu folgen, und ihm damit Glück oder Reichtum bringt.

Hexerei

Im Mittelalter begannen die Menschen die sogenannte Hexenkunst zu fürchten. Man glaubte, dass viele Tiere, vor allem Katzen, Helfer der Hexen waren. Manche waren sogar überzeugt davon, dass Hexen auf riesigen schwarzen Hauskatzen ritten.

Nemeischer Löwe

Der Nemeische Löwe war eine Sagengestalt in der altgriechischen Mythologie. Er hatte goldenes Fell, das keine Waffe der Menschen durchdringen konnte, und scharfe Krallen, die jede Rüstung durchschlugen. Als Teil seiner berühmten »zwölf Arbeiten« musste ein mythischer Held namens Herkules den Löwen mit bloßen Händen töten.

KATZEN IN GEFAHR

Leider sind im Lauf der letzten hundert Jahre viele wilde Katzenarten selten geworden oder gar vom Aussterben bedroht. Weil wir Menschen immer mehr Platz auf der Erde beanspruchen, zerstören wir natürliche Lebensräume und zwingen die Katzen dazu, in der Nähe unserer Siedlungen und unseres Acker- und Weidelands zu leben.

Die gefährdeten Bergkatzen werden manchmal von den Einheimischen in Patagonien und Argentinien getötet.

Viele Katzen jagen Vieh, weil es leichte Beute ist. Manche Hirten wollen ihre Tiere schützen, indem sie die einheimischen wilden Katzen illegal jagen und Fell und Körperteile verkaufen.

Es gibt aber Möglichkeiten, diese Angriffe von vornherein zu verhindern, zum Beispiel durch bessere Zäune für die Bauern. Viehzüchter in Argentinien setzen seit Kurzem Hütehunde zur Verteidigung gegen Raubtiere ein.

Hütehunde bewachen das Vieh.

Auch der Ökotourismus kann dabei helfen, wilde Katzen zu schützen und den Einheimischen ein Einkommen zu sichern. Die beliebtesten Attraktionen auf Safaritouren sind häufig Katzen. Entsprechende Schutzgebiete sorgen dafür, dass es den Katzen dort gut geht.

Mit viel Glück sieht ein Ökotourist vielleicht sogar einen scheuen Schneeleoparden.

Wenn du helfen willst, diese herrlichen Tiere und ihre Lebensräume zu schützen, kannst du beim Einkaufen auf das FSC®-Siegel und auf das Siegel der Rainforest Alliance achten. Produkte mit diesen Siegeln wurden umweltverträglich und sozialverträglich angebaut und geerntet.

REGISTER

Hauskatzen-Linie

Bengalkatzen-Linie

Puma-Linie

Luchs-Linie

Ozelot-Linie

Karakal-Linie

Borneokatzen-Linie

Panthera-Linie

Wenn Ihnen das Buch gefallen hat,
werden Sie auch diese beiden Titel lieben ...

978-3-86873-912-1

978-3-95728-024-4

Für meine Kätzchen: Max, Oliver, Henry und Alyssia

Titel der Originalausgabe: *Crazy About Cats*

Erschienen bei Flying Eye Books, London 2017
Flying Eye Books ist ein Imprint von Nobrow, London, Großbritannien

Wissenschaftliche Beratung: Dr. Nick Crumpton

Deutsche Erstausgabe

Ein Unternehmen der La Martinière Groupe

Umschlagadaption: Leonore Höfer, Knesebeck Verlag
Übersetzung und Satz: Susanne Schmidt-Wussow, Berlin
Lektorat: Gerdi Killer, bookwise GmbH, München
Druck: Livonia Print

Printed in Latvia

ISBN 978-3-95728-155-5

www.knesebeck-verlag.de

FSC MIX
Papier aus verantwortungsvollen Quellen
FSC® C002795